Katarzyna Małkowska

Alchemia Króla Zygmunta

King Sigismund's Alchemy

Die Alchemie des Königs Sigismund

Ilustracje: Stanisław Dzięcioł

Tłumaczenie: Robin Gill, ZTP Sigillum

Astra

Dawno temu, przed wiekami wieloma, gdy nauka w dzisiejszej swej postaci znaną jeszcze nie była, Europę całą ogarnęła pasja – nazwano ją alchemią. Poszukiwano formuły magicznej, która by kamienie zwykłe w złoto zamieniać pozwoliła. Wielu alchemików magią białą i czarną posługiwało się po to, by kruszcu cennego zdobyć. Niejeden duszę swą nawet mocom piekielnym zaprzedał, lecz na nic się to zdać mogło, gdyż głazy zwyczajne w złote bryły zamienić sztuką było nie lada. Wiedzieć wam trzeba, że niejeden raz próby te, choć do efektu zamierzonego nie prowadziły, pożytecznymi były wielce, bo przy ich okazji różne inne wynalazki, jakże cenne dla potomnych powstawały.

A long, long time ago, before science as we know it today existed, the whole of Europe was in the grip of a passion known as alchemy. A magic formula was sought which would enable everyday stone to be transformed into gold. Many magicians used spells both white and black to acquire the precious metal. More than one sold his soul to the Dark Powers, but all to no avail, since turning common boulders into solid gold was a pretty stratagem. You should know that on several occasions these attempts, although they did not achieve the desired effect, were highly advantageous, as many inventions which were extremely useful for later generations came about during them.

Es war einmal vor vielen, vielen Jahrhunderten, als die Wissenschaft in ihrer jetzigen Form noch gar nicht bekannt war, aber ganz Europa von einer Leidenschaft beherrscht war, die Alchemie genannt wurde. Man suchte nach einer magischen Formel, die es erlauben würde, gewöhnliche Steine in Gold zu verwandeln. Viele Alchemisten bedienten sich der weißen und schwarzen Magie, um das wertvolle Metall zu gewinnen. Nicht nur einer von ihnen hatte sogar seine Seele an die höllischen Mächte verkauft, aber dies konnte zu nichts führen, denn gewöhnliche Steine in Goldklumpen umzuwandeln, war nicht gerade eine einfache Kunst. Ihr müsst aber wissen, dass diese Versuche, obwohl sie schließlich nicht zum gewünschten Ergebnis führten, mehr als einmal von großem Nutzen waren, denn bei dieser Gelegenheit wurden verschiedene für die Nachwelt durchaus wertvolle Erfindungen gemacht.

Na tronie polskim zasiadał natenczas Zygmunt III Waza, który w swym panowaniu także koronę szwedzką dzierżył. Podobnie jak inni władcy świata, tak i on chęcią posiadania był ogarnięty, toteż z radością wielką gościł w wawelskim zamku nie tylko alchemików, ale i magów licznych, którzy dzień i noc kamienie w złoto przemieniać próbowali. Król ranka każdego ponoć pracownie alchemiczne odwiedzał i do kociołków, w których tajemne wywary bulgotały zaglądał i marzył, że gdy złota mieć już mógł będzie tyle, ile tylko zapragnie, na wojnę wyruszy przeciw samemu imperium carów.

At that time, the Polish throne was occupied by King Sigismund III Vasa, who also claimed the Swedish crown. Like other worldly powers, he was possessed by the desire for ever more wealth, and so it was with great delight that he hosted at Wawel Castle both alchemists and countless magicians, who laboured night and day to turn stone into gold. Every morning, the King visited the alchemical laboratories and, peering into the mysterious bubbling draughts, dreamed of the time when he would have as much gold as he wished, and would then march off to war against the Empire of the Tsars.

Auf dem polnischen Thron saß damals Sigismund III. Wasa, der während seiner Herrschaft auch die schwedische Krone innehatte. Wie andere Herrscher auf der Welt war auch er von Habgier besessen, und so empfing er mit großer Freude im Wawel-Schloss nicht nur Alchemisten, sondern auch zahlreiche Magier, die Tag und Nacht Steine in Gold zu verwandeln versuchten. Der König soll jeden Morgen die alchemistischen Werkstätten besucht haben, um in die Kessel, in denen geheimnisvolle Säfte blubberten, hineinzuschauen.
Er träumte davon, dass er, sobald er soviel Gold hätte, wie er sich von ganzem Herzen wünschte, sogar gegen das Imperium der Zaren in den Krieg ziehen würde.

Wnet też sam król Zygmunt III Waza alchemikiem zostać zapragnął. Studiował więc księgi z magią tajemną, a i u samych magów nauki pobierać począł. „Po cóż mi zastępy alchemików na dworze mym trzymać, kiedy sam mogę kamienie zwyczajne w złoto przemienić. Nie dosyć, że na świat cały rozgłos swym osiągnięciem miał będę, to jeszcze z nikim kruszcem cennym dzielić się nie będę zmuszon" – myślał król. Długo nocami w królewskiej sypialni tlił się płomień świecy, sam bowiem władca, gorączką złota opanowany dnia od nocy nie oddzielał, tylko wiedzę magiczną zgłębiał. „Potrzeba mi jeszcze pracowni, gdzie mógłbym eksperymenty swe prowadzić" – postanowił Waza nocy pewnej i wnet, gdy tylko pierwsze kury piać poczęły, posłał po sługę swego. „W najbardziej odległej części zamku pracownię alchemiczną przygotujesz, lecz pamiętaj, nikt o niej wiedzieć nie może" – rozkazał.

Presently, King Sigismund III Vasa himself aspired to become an alchemist. So he studied the great magical tomes, and began studying the magical arts with the wizards themselves. "For why should I keep the multitudes of alchemists at my court, when I may transform base stone into gold myself? Not only will my deeds be talked of throughout the world, but I will not be required to share the precious metal with anyone" – thought the King. For long nights, the candles glowed in the Royal bedchamber because the King, in the grip of gold fever, paid no heed to the time of day in his desire to deepen his knowledge of magic. "I yet need a laboratory, where I may conduct my experiments" – the King decided one night, and shortly, as the first roosters crowed, he sent for his servant. "In the furthest corner of the castle, you shall prepare an alchemical laboratory, but remember that no-one must know of this" – he ordered.

Bald trieb es König Sigismund III. Wasa, selbst zum Alchemisten zu werden. Er studierte daher Bücher über schwarze Magie und begann auch bei den Magiern selbst in die Lehre zu gehen. „Wozu sollte ich Scharen von Alchemisten auf meinem Hof unterhalten, wenn ich selbst gewöhnliche Steine in Gold verwandeln kann. Mit meinem Meisterstück werde ich einerseits Ruhm in der ganzen Welt erlangen, anderseits werde ich nicht gezwungen sein, das wertvolle Metall mit anderen zu teilen" – dachte der König. Tief in die Nacht hinein flackerte eine Kerzenflamme im königlichen Schlafzimmer, denn der Herrscher konnte, vom Goldfieber befallen, den Tag nicht mehr von der Nacht unterscheiden, und immer weiter vertiefte er sich in sein magisches Wissen. „Ich brauche noch eine Werkstatt, wo ich meine Versuche durchführen kann" – beschloss Wasa in einer Nacht und bereits als die ersten Hähne zu krähen begannen, schickte er nach seinem Diener. „Im entlegensten Teil des Schlosses wirst du eine alchemistische Werkstatt einrichten, aber merke dir, niemand darf etwas davon wissen" – befahl er.

Niebawem tajemna komnata gotową była. Mieściła się ona w wieży Kurzą Stopką zwanej, gdzie członkowie rodziny królewskiej i dworu zaglądali z rzadka. Ach, jakże przedziwnie miejsce to wyglądało. W centralnym miejscu komnaty stało olbrzymie palenisko, a nad nim kocioł pełen bulgocącej cieczy o przedziwnym kolorze. Ściany pokrywały równe rzędy grubych ksiąg magiczne formuły zawierających. Na olbrzymim stole zaś przyrządów przedziwnych do ważenia, mierzenia i prowadzenia żmudnych alchemicznych obliczeń było bez liku. Komnatę spowijał mrok wieczny, który rozświetlić mógł jedynie płomień z wielkiego paleniska. Mroczne to było miejsce i straszne tak, że choć wnet dowiedzieli się dworzanie o nowym zamiłowaniu swego pana, żaden z nich odwagi nie miał na tyle, by wrota pracowni królewskiej przestąpić.

Directly, the secret chamber was ready. It was situated in the so-called Chicken's Foot Tower, where members of the Royal Family and the Court rarely set foot. Oh, what a curious place it looked! In the centre of the chamber, there stood an enormous hearth, and above it a cauldron filled with a bizarrely coloured liquid. The walls were completely covered by rows of thick tomes containing magical formulae. On a gigantic table there stood an array of singular devices for weighing, measuring, and performing laborious alchemical calculations. The chamber was enveloped in an eternal gloom, which only the flames from the great hearth could pierce. The place was so murky and terrible that, even though the courtiers soon found out about their Master's new passion, none were brave enough to cross the threshold of the Royal laboratory.

Bald darauf wurde das geheime Gemach fertig. Es befand sich in einem Turm, „Hühnerkralle" genannt, wo sich die Mitglieder der königlichen Familie und des Hofes selten einfanden. Ach wie seltsam dieser Ort aussah. An zentraler Stelle des Gemaches gab es eine riesige Feuersstelle, über der ein Kessel mit gluckernder Flüssigkeit in einer merkwürdigen Farbe hing. Die Wände waren mit Reihen dicker Bücher, die magische Formeln enthielten, bedeckt. Auf einem gewaltigen Tisch lagen in Hülle und Fülle sonderbare Instrumente zum Wiegen, Messen und für langwierige, alchemistische Berechnungen. Das Gemach war in ewige Dunkelheit gehüllt, die lediglich durch die Flamme des Feuers ein wenig erhellt wurde. Düster und fürchterlich war dieser Platz, und obwohl die Höflinge bald von der neuen Vorliebe ihres Herrn erfahren hatten, fasste keiner von ihnen soviel Mut, um die Schwelle der königlichen Werkstatt zu betreten.

Sam król dnie całe a i noc niejedną w pracowni swej spędzał. Wiedzieć wam jednak trzeba, że alchemik był z niego marny. Na nic się zdało ciągłe ksiąg studiowanie. Nijak nie potrafił kamienie w złoto przemienić. Znużony nieudanymi eksperymentami zasiadał przy kociołku, gdzie złote przedmioty w złote sztaby przemieniał. Przyglądał się bulgocącej złotej cieczy i marzył. Nieraz przysnął przy wywarze i śnił, że jest samym panem Rosji i wszyscy europejscy władcy składają mu pokłon, a on dzięki swym bogactwom magicznym robi tylko to, na co ma ochotę.

The King himself spent many days and nights in the laboratory. However, you must know that he was a woefully poor alchemist. All his constant study of the tomes came to nought. There was no way he could transform stone into gold. Wearied by his unsuccessful experiments, he sat by the cauldron in which he tried to transform objects into gold bars. He watched the bubbling golden liquid and daydreamed. More than once he fell asleep by the brew and dreamed that he was Lord of Russia and that all European kings knelt to him, and that thanks to his magical wealth he did only that which pleased him.

Der König selbst verbrachte lange Tage und manche Nächte in seiner Werkstatt. Ihr müsst aber wissen, dass er ein miserabler Alchemist war. Auch das langwierige Studium der Bücher führte zu nichts. Es gelang ihm einfach nicht, Steine in Gold zu verwandeln. Matt und erschöpft von den misslungenen Versuchen saß er an seinem Kessel, beobachtete die gluckernde Flüssigkeit und verfiel ins Träumen. Nicht nur einmal schlief er dabei ein und träumte, dass er selbst der Herrscher Russlands wäre, dass alle europäischen Herrscher sich vor ihm vorbeugten und er, dank seines magischen Reichtums, nur das tat, worauf er Lust hatte.

Dnia pewnego, pragnąc rzecz pożyteczną zrobić, przyniósł monarcha do swej pracowni cenny złoty relikwiarz, w którym kamień drogi obluzował się, by rychło go naprawić. Jednakże gdy tylko próg komnaty alchemicznej przekroczył, widząc kociołek ze złotą cieczą, o relikwiarzu zapomniał. Już zmierzchać poczęło, a Zygmunt III Waza wciąż stał nad bulgocącym złotem. Wtem nagle za swymi plecami głos usłyszał: „O Boga nie dbasz, lecz o mamonę". Przerażony król przypomniał sobie o relikwiarzu. Było już jednak za późno. Gdy się odwrócił, spostrzegł, że cała komnata w ogniu stoi. Począł więc wołać o ratunek. Jednak baszta oddalona była od zamieszkałej części zamku. „Biada mi – wołał król – za chciwość i głupotę przyjdzie mi śmiercią zapłacić".

One day, desiring to do something useful, the sovereign brought to his workshop a priceless gold reliquary in which a precious stone had become loose, in order to quickly repair it. However, as he entered the alchemical chamber and saw the cauldron filled with golden liquid, he completely forgot about the reliquary. Dusk began to fall, and Sigismund III Vasa was still standing over his bubbling gold. Suddenly, he heard an unknown voice coming from behind him: "For God you care nothing, only Mammon fills your thoughts". Hastily, the King remembered the reliquary. It was too late, however. When he turned round, he saw that the whole chamber was aflame. Immediately, he started calling for help, but the tower was a long way from the inhabited part of the castle. "Woe is me – cried the King – for my greed and stupidity, by my death will I pay!"

Eines Tages, als er einmal etwas Nützliches machen wollte, brachte der Monarch ein goldenes Reliquiar, in dem sich ein wertvoller Stein gelockert hatte, in seine Werkstatt, um es schnell zu reparieren. Als er aber die Schwelle des alchemistischen Gemaches überschritt und dabei den Kessel mit goldener Flüssigkeit erblickte, vergaß er das Reliquiar. Es dämmerte schon und Sigismund III. Wasa stand immer noch wie erstarrt, über dem brodelnde Gold gebeugt. Plötzlich hörte er eine unbekannte Stimme hinter seinem Rücken: „Du kümmerst dich nicht um Gott, sondern jagst dem Mammon nach". Sogleich erinnerte sich der erschrockene König an das Reliquiar. Es war aber schon zu spät. Als er sich zurückwandte, sah er das ganze Gemach unter Feuer stehen. Er begann um Hilfe zu rufen. Die Bastei war jedoch vom bewohnten Teil des Schlosses weit entfernt. „Weh mir – rief der König – für Habgier und Dummheit werde ich mit dem Tod büßen müssen".

Na szczęście najwierniejszy sługa jego królewskiej mości, przechodząc nieopodal tajemnej komnaty, płomień zobaczył. Wnet też na alarm uderzył. Zbiegli się dworzanie i co sił wodę nosili, by ogień poskromić i do spalenia Wawelu całego nie dopuścić. Wnet też znaleziono króla samego, leżącego nieopodal kociołka. Nieprzytomny władca w ręku dzierżył święty relikwiarz. Zaraz też króla z komnaty wyciągnięto i pod opiekę medyka oddano, by rychło do świadomości mógł powrócić. Długo z ogniem walczono. Wreszcie, po odprawieniu mszy świętej przebłagalnej do św. Floriana, patrona strażaków, pożar udało się ugasić. Samą zaś komnatę przejęty monarcha nakazał na trzy spusty zamknąć, a dostępu do niej strzec. „Niech już nikogo blask złota nie oślepia i do rozumu utraty nie prowadzi" – zawyrokował król.

Fortunately, His Majesty's most faithful servant, passing by the secret chamber, saw the flames and shortly after sounded the alarm. The courtiers came running and brought as much water as they could, to douse the fire and stop Wawel from being engulfed in flames. Presently, the King himself was discovered, lying next to the cauldron. The unconscious leader was grasping the sacred reliquary in his hand. Immediately, the King was pulled from the chamber and placed under medical supervision, in order that he quickly return to consciousness. The fight with the flames was a long one. Finally, after a propitiatory mass was dedicated to St. Florian, the patron saint of firefighters, the fire was extinguished. The chamber itself was secured with three locks and placed under guard on the orders of the King. "Let no-one else be blinded or led to unreason by the glitter of gold" – pronounced the King.

Der treuste Diener seiner königlichen Majestät ging jedoch zum Glück dicht an dem geheimnisvollen Gemach vorbei und bemerkte die Flammen. Sofort schlug er Alarm. Die Höflinge liefen zusammen und so schnell sie nur konnten schleppten sie Wasser heran, um das Feuer zu bezwingen und die Vernichtung des ganzen Wawel-Schlosses zu verhindern. Bald wurde auch der König selbst gefunden, er lag unweit des Kessels. In der Hand hielt der ohnmächtige Herrscher das Reliquiar. Sofort trug man den König aus dem Gemach heraus und vertraute ihn der Obhut des Medikus an, damit er bald wieder zur Besinnung käme. Gegen das Feuer musste man lange kämpfen. Erst nach einem Bittgottesdienst an den heiligen Florian, den Schutzpatron der Feuerwehrleute, gelang es den Brand zu löschen. Das alchemistische Gemach jedoch ließ der König fest verschließen und den Zugang dazu bewachen.

Kiedy już pogorzelisko ostygło, zauważono rzecz przedziwną, której wytłumaczyć było nie sposób. Oto smuga przez całą basztę długa na murze pozostała. Niektórzy tłumaczyli, że kiedy płomienie trawiły wieżę, szczelina w murze powstała, a przez nią płynne złoto z kociołka wyciekło i nań zastygło. Próbowano szczelinę zamurować, lecz im więcej pracy murarze wkładali, tym bardziej smugę ową widać było. Król Zygmunt III Waza mawiał, że jest ona przestrogą dla tych, co dobra od zła odróżnić nie potrafią. Sam też na wspomnienie tajemniczego głosu, który słyszał tuż przed pożarem, trząsł się cały. Niektórzy powiadają, że to strach sprawił, że nie chcąc na wawelskim dworze przebywać, stolicę kraju do Warszawy przeniósł.

Once the ashes had cooled, a very curious thing was noticed. Something which could not be explained. A long streak had materialized, the length of the whole tower wall. Some said that when the flame was consuming the tower, a crack in the wall appeared and the liquid gold from the cauldron leaked into it and cooled. There were attempts to seal the crack, but the harder the labourers worked, the more obvious the streak became. King Sigismund III Vasa said that it was a caution to those who were unable to differentiate between good and evil. He himself shook all over as he remembered the mysterious voice he had heard just before the fire broke out. Some say that it was fear that made him move the capital to Warsaw, as he did not wish to remain at Wawel.

Als die Brandstätte wieder erkaltet war, bemerkte man eine überaus sonderbare Erscheinung, die man sich nicht erklären konnte. Auf der Mauer war in der ganzen Länge der Bastei ein Streifen verblieben. Manche erklärten es so: Als die Flammen aus der Bastei herausschlugen, entstand in der Mauer ein Spalt, durch den das flüssige Gold aus dem Kessel rann und dort erstarrte. Man versuchte den Spalt zuzuspachteln, aber je mehr sich die Maurer ins Zeug legten, umso mehr war der Streifen zu sehen. König Sigismund III. Wasa pflegte zu sagen, dass der Streifen eine Warnung für diejenigen sein sollte, die Gutes nicht vom Bösen unterscheiden können. Er selbst zitterte am ganzen Körper beim bloßen Gedanken an die geheimnisvolle Stimme, die er vor dem Brand gehört hatte. Manche sagen, dass es diese Angst war, die ihn veranlasste, nicht länger auf dem Wawel-Hof zu bleiben und die Hauptstadt des Landes nach Warschau zu verlegen.

Co jest prawdą a co bajką sami rozstrzygnąć musicie. Spacerując po Krakowie, przyjrzyjcie się uważnie niewysokiej wieży. Stoi ona u wylotu ulicy Grodzkiej, przy północno-wschodnim narożniku wawelskiego zamku. Na pewno dojrzycie dziwną niebieskawą smugę biegnącą po murze z jednego z okien. Przypomnijcie sobie wówczas historię króla Zygmunta III Wazy, którą wam tu opowiadam. Niechaj ona będzie dla was przestrogą. Bo nie marzeniami i magią ludzie się bogacą, ale rozumem, sercem i rąk własnych pracą.

What is fact and what legend you must decide for yourselves.
While strolling round Kraków, look carefully at this low tower. It stands at the foot of Grodzka street, by the north-eastern corner of Wawel castle. You will surely notice a strange blue streak running down the wall from one of the windows. Remember, then, the story of Sigismund III Vasa which I have told you. Let it be a warning to you. It is not by dreams and magic that people become wealthy, but by brains, heart, and the work of their own hands.

Was Wahrheit und was Märchen ist, müsst ihr selbst entscheiden.
Bei einem Spaziergang durch Krakau schaut euch aufmerksam einen nicht sehr hohen Turm an. Er steht an der Mündung der Grodzka-Strasse, an der nordöstlichen Ecke des Wawel-Schlosses. Mit Sicherheit werdet ihr einen merkwürdigen bläulichen Streifen erblicken, der auf der Mauer an einem der Fenster verläuft. Erinnert euch dann an die Geschichte des Königs Sigismund III. Wasa, die ich euch hier erzählt habe. Sie soll für euch eine Warnung sein, denn nicht durch Träume und Magie, sondern durch Verstand,
Herz und die Arbeit der eigenen Hände werden die Menschen reicher werden.

31-026 Kraków, ul. Radziwiłłowska 35/5
tel. (012) 292 07 30, tel./fax (012) 421 47 02
0602 747 012, 0602 256 638
www.astra.krakow.pl

ISBN 83-89981-08-4
ISBN 978-83-89981-08-0